시니어 에센스 워크북1
감사

사랑마루

시니어 에센스 워크북1 '감사' 과정

발행일_2024년 10월 21일
발행인_문창국
발행처_사랑마루
편집인_강형규
기획/편집_강영아
미디어_장주한 이재훈 김남선
디자인_권미경 하수진
일러스트_최동호
홍보/마케팅_안용환 육준수
경영지원_조미정

집필_문관숙 고상희 이우섭 이선미 강지희
감수_박진숙

❚ 본 교재의 저작권은 기독교대한성결교회에 있습니다. 무단 복제 및 판매를 금지합니다.

도서출판 사랑마루
서울시 강남구 테헤란로64길 17(대치동)
홈페이지 http://www.eholynet.org
등록 2011년 1월 17일 등록번호 제2011-000013호
ISBN_979-11-90459-39-6 03230
가격_11,000원

목차

01 새 길을 여시는 하나님 _ 5p

02 시니어, 새로운 시작 _ 7p

03 나는 시니어입니다 _ 13p

04 성경 속 시니어 만나기 _ 19p

05 나의 인생 사진관 _ 25p

06 지금까지 지내온 것은 _ 31p

07 마음의 건강검진 _ 37p

08 용서의 여정 _ 45p

09 그래서 감사합니다 _ 51p

10 다시 피는 감사 _ 57p

❚ 활동자료 _ 59p

God will make a way

Done Moen_돈 모엔

God will make a way
_하나님은 길을 만드십니다

Where there seems to be no way
_도저히 길이 없는 것처럼 보이는 곳에

He works in ways we cannot see
_그는 우리가 볼 수 없는 방법으로 일하십니다

He will make a way for me
_그는 나를 위해 길을 만드십니다

He will be my guide
_그는 나의 인도자가 되십니다

Hold me closely to His side
_그의 옆에 가까이 나를 꼭 붙드십니다

With love and strength for each new day
_날마다 새로운 사랑과 힘으로

He will make a way
_그는 길을 만드십니다

He will make a way for me
_그는 나를 인도하십니다

01

새 길을 여시는 하나님

1. 시니어 에센스 '감사' 과정을 함께 하는 분들과 인사를 나누며 이름을 적어보세요.

2. 시니어 에센스 '감사' 과정에서 기대하는 것은 무엇인가요?

3. 시니어 에센스 '감사' 과정을 위해 기도하고 싶은 것은 무엇인가요?

02

시니어, 새로운 시작

말씀의 시니어

11 하나님이 모든 것을 지으시되 때를 따라 아름답게 하셨고 또 사람들에게는 영원을 사모하는 마음을 주셨느니라 그러나 하나님이 하시는 일의 시종을 사람으로 측량할 수 없게 하셨도다

12 사람들이 사는 동안에 기뻐하며 선을 행하는 것보다 더 나은 것이 없는 줄을 내가 알았고

13 사람마다 먹고 마시는 것과 수고함으로 낙을 누리는 그것이 하나님의 선물인 줄도 또한 알았도다

14 하나님께서 행하시는 모든 것은 영원히 있을 것이라 그 위에 더 할 수도 없고 그것에서 덜 할 수도 없나니 하나님이 이같이 행하심은 사람들이 그의 앞에서 경외하게 하려 하심인 줄을 내가 알았도다

15 이제 있는 것이 옛적에 있었고 장래에 있을 것도 옛적에 있었나니 하나님은 이미 지난 것을 다시 찾으시느니라

전도서 3장 11–15절

| 노년기를 어떻게 보내고 싶으신가요? 아래에서 마음에 드는 단어 3가지를 고르고 ○표 하세요.
그리고 이유를 대답해 보세요

백발　　지혜　　건강　　사랑　　취미생활　　친구　　기도
봉사　　배움　　손주돌봄　　여행　　축복　　존경　　경험

1. ○○교회의 시니어란?

● 시니어(senior)라는 단어에는 선배, 상급생이라는 의미가 있습니다. 시니어는 풍부한 경험으로 인한 삶의 지혜로, 인생의 후배들에게 앞길을 잘 살아갈 수 있도록 안내해 주는 존경받는 노년을 뜻합니다.

'○○교회의 시니어'라고 표현한다면 '○○교회의 지혜와 경륜이 있는 어른들로, ○○교회 다음세대들의 앞길을 잘 이끌어 갈 분'을 의미합니다.

2. 노년의 기준

● 우리나라에서 노년의 법적 기준은 만 65세입니다.

● 노인 연령 65세의 시초는 1889년 독일 비스마르크 총리가 연금 제도를 도입하면서부터입니다.

● 유엔에서 새로운 연령을 구분했습니다.

1단계 미성년자, 2단계 청년, 3단계 중년 , 4단계 노년, 5단계 장수노인(단계별 구분)

0~17 미성년자, 18~65 청년, 66~79세, 중년 80~99 노년, 100세 이상 장수노인 (나이별 구분)

3. 초고령사회

● 초고령사회는 한 사회의 전체 인구 중 65세 이상의 고령 인구가 차지하는 비율이 20% 이상인 사회를 말합니다. 초고령사회가 되기 전에는 '고령화사회'와 '고령사회'라는 단계를 거치게 됩니다. 각 단계는 다음과 같이 정의합니다.

고령화사회(Aging Society)
65세 이상의 고령 인구가 전체 인구의 7%
이상인 사회
고령사회(Aged Society)
65세 이상의 고령 인구가 전체 인구의
14% 이상인 사회
초고령사회(Super-Aged Society)
65세 이상의 고령 인구가 전체 인구의
20% 이상인 사회

4. 기존 시니어에서 교회 안의 액티브 시니어로 살기

● 시니어에 관한 낡은 인상: 초고령화 시대를 맞아 시니어에 관한 인식을 바꾸어야 합니다. 노인은 일도 못하고 몸도 아프고 가련한 존재라고 여기는 것에서 벗어나야 합니다. 경로효친 사상은 좋은 생각이나 그 생각 이면에 "어르신이 되었으니까 불쌍한 사람들이야. 저분은 우리들이 도와드리지 않으면 살 수 없어."라는 고정관념이 담겨있습니다. 이러한 생각은 버려야 할 생각입니다. 풍부한 경험과 연륜, 그리고 지혜로 다음세대들에게 큰 방향과 길을 제시하는 꼭 필요하며 귀한 존재로 인식해야 합니다.

● 액티브 시니어: 액티브는 '활동적인, 에너지가 넘치는'이라는 뜻입니다. 쉽게 설명하면 요즘 세대 노년기의 새로운 삶의 방식을 말합니다. 지금까지 노년기 삶을 상상하면 방이나 공원에 홀로 외롭게 앉아 있는 모습으로 다른 사람들이 회피하는 모습이었습니다. 그러나 액티브 시니어는 이러한 노년기의 이미지를 탈피해서 좀 더 활기차고, 활동적이며, 생기 있는 삶을 추구하는 노년기의 라이프 스타일을 말합니다.

구분	기존 시니어	액티브 시니어
세대 특징	수동적, 보수적	적극적, 미래지향적
경제력	경제적 보유층이 적음	경제적 보유층이 두터움
노년 의식	인생의 황혼기	새로운 인생시작
가치관	본인을 노년층으로 인식	실제보다 5~10년 젊다고 생각
소비관	검소함	합리적인 소비생활
취미 활동	취미없음	다양한 취미
노후 준비	자녀세대에 의존	스스로 노후준비
보유 자산	자녀에게 상속	자신의 노후를 위해 사용

출차: 산업연구원(2016), NH투자증권100세시대연구소

● 교회 안의 액티브 시니어: 우리는 하나님 안에서 늙어가는 것이 아니라 성장해 가는 것입니다. 몸은 약해지지만, 속사람은 강건해지고 성장해 가야 합니다. 이것은 초고령화 시대에 우리가 노령화를 방지하는 첫 번째 단추입니다.

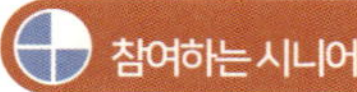

나는 ○○교회 액티브 시니어

준비물

가발, 선글라스 및 팻말, 머리띠(준비된 소품들), 핸드폰이나 카메라, CCM음원(신나고 활기찬 찬양)

이렇게 참여해요!

1. 시니어 분들은 그룹별로 준비된 소품 중 마음에 드는 것을 선택합니다. 이때, 액티브 시니어다운 나의 모습을 생각하며 소품을 고릅니다.

2. 자신이 고른 소품을 착용한 후, 액티브 시니어다운 표정을 지으며 개인별 혹은 그룹별로 촬영을 합니다. 촬영할 때, 신나고 활기찬 찬양이 들리면 유쾌한 마음으로 임해주세요.

3. 촬영한 사진 중 마음에 드는 사진을 선택한 후에 스텝들에게 선택한 사진을 공유합니다.

4. 스텝들이 시니어 분들이 선택한 사진을 다음 주 시니어 교육까지 인화해서 드릴 것입니다.

5. 가정에서 인화된 사진을 워크북에 부착합니다. 그리고 ○○교회 액티브 시니어로의 결단을 기억합니다.

매일 아침 일어나서 '할렐루야! 나는 행복한 시니어!'라고 소리 내어 외칩니다.
실천한 후에 요일에 맞춰 ∨표 해보세요!

| 함께 찬양해요!

　　1. 나 이제 주님의 새 생명 얻은 몸(찬송가 436장)
　　2. 나 주님의 기쁨 되기 원하네(전하세 예수 1집/올네이션스 경배와 찬양)

| 함께 기도해요!

　　1. 시니어 과정에 참여하게 인도하신 하나님께 감사하며, 참여하는 모든 기간 은혜 내려 주소서.
　　2. 함께 시니어 과정에 참여한 분들을 인도하여 주소서.
　　3. 시니어 과정을 인도하는 담당 교역자와 스텝들에게 힘을 주소서.

다음주 과제

03

나는 "시니어"입니다.

말씀의 시니어

12 의인은 종려나무 같이 번성하며 레바논의 백향목 같이 성장하리로다

13 이는 여호와의 집에 심겼음이여 우리 하나님의 뜰 안에서 번성하리로다

14 그는 늙어도 여전히 결실하며 진액이 풍족하고 빛이 청청하니

15 여호와의 정직하심과 나의 바위 되심과 그에게는 불의가 없음이 선포되리로다

시편 92편 12-15절

| 생활 속에서 '내가 나이를 먹었구나!'라고 느낄 때가 있다면 언제인가요?

| 10년 전의 나와 지금의 내가 다른 점은 무엇인가요?

1. 시니어의 시기를 이해해야 합니다.

● 신체적인 변화가 있습니다.

노년기에 이르면 특별히 두드러지는 것이 바로 신체적인 변화입니다. 나에게 나타나는 신체적인 변화는 주로 어떤 것이 있는지 알고 잘 대처해야 합니다.

① ___________ 에 변화가 있습니다.

② ___________ 에 변화가 있습니다.

③ ___________ 이 증가하고 면역력이 약화됩니다.

④ ___________ 가 생깁니다.

⑤ ___________ 에 변화가 있습니다.

● 사회적인 변화가 있습니다.

노년기에 이르러 직장이나 가정에서 사회적인 관계의 변화를 많이 경험하게 됩니다. 노년기에 있을 사회관계망의 변화를 자연스럽게 받아들일 수 있어야 합니다.

① 사회적인 __________ 에 변화가 있습니다.

② __________ 적인 변화가 있습니다.

③ __________ 에 변화가 있습니다.

④ 사회적 인식에 변화가 있습니다.

● 심리적인 변화가 있습니다.
　신체적인 변화는 심리적인 부분에도 많은 영향을 줍니다. 또한 노년기에 사회적 관계들도 변화되면서 오는 심리적인 자극들이 변화를 일으킵니다. 하나님 안에서 노년기에 변화되는 신체적 변화나 관계성을 인정하고 받아들이면서 마음을 하나님의 말씀으로 잘 다스리는 것이 필요합니다.

① __________ 와 사회적 역할의 변화가 있습니다.

② 사회적 관계망에 변화가 있습니다.

③ __________ 에 대한 두려움이 생깁니다.

④ 삶의 의미에 대한 인식의 변화가 있습니다.

⑤ __________ 이 저하될 수 있습니다.

⑥ 일과 사람을 대하는 여유로운 마음을 가질 수 있습니다.

● 신앙적인 변화가 있습니다.
노년기는 인생에 있어서 신앙적으로 참 좋은 시기입니다. 자신의 삶 속에서 역사하신 하나님을 발견하고 묵상하며 회고하는 시기로 이 때에 의미 있는 영적 작업이 많이 일어나야 합니다.

① ___________ (spiritual well-being)의 시기입니다.

② 신앙생활에 많은 시간 할애할 수 있습니다.

③ 노년기 신앙생활은 전반적인 ___________ 의 ___________ 을 높여줍니다.

나의 모습은?

나의 모습을 돌아보면서 나는 지금 어떤 시니어인지 생각해 보고 아래의 그래프에 표시하여 봅시다.

내가 지금까지 잘 관리하고 있는 부분은 어떤 부분이며, 좀 더 신경 써야 할 부분은 어떤 부분인지 생각해 보고 이야기 나누어봅시다.

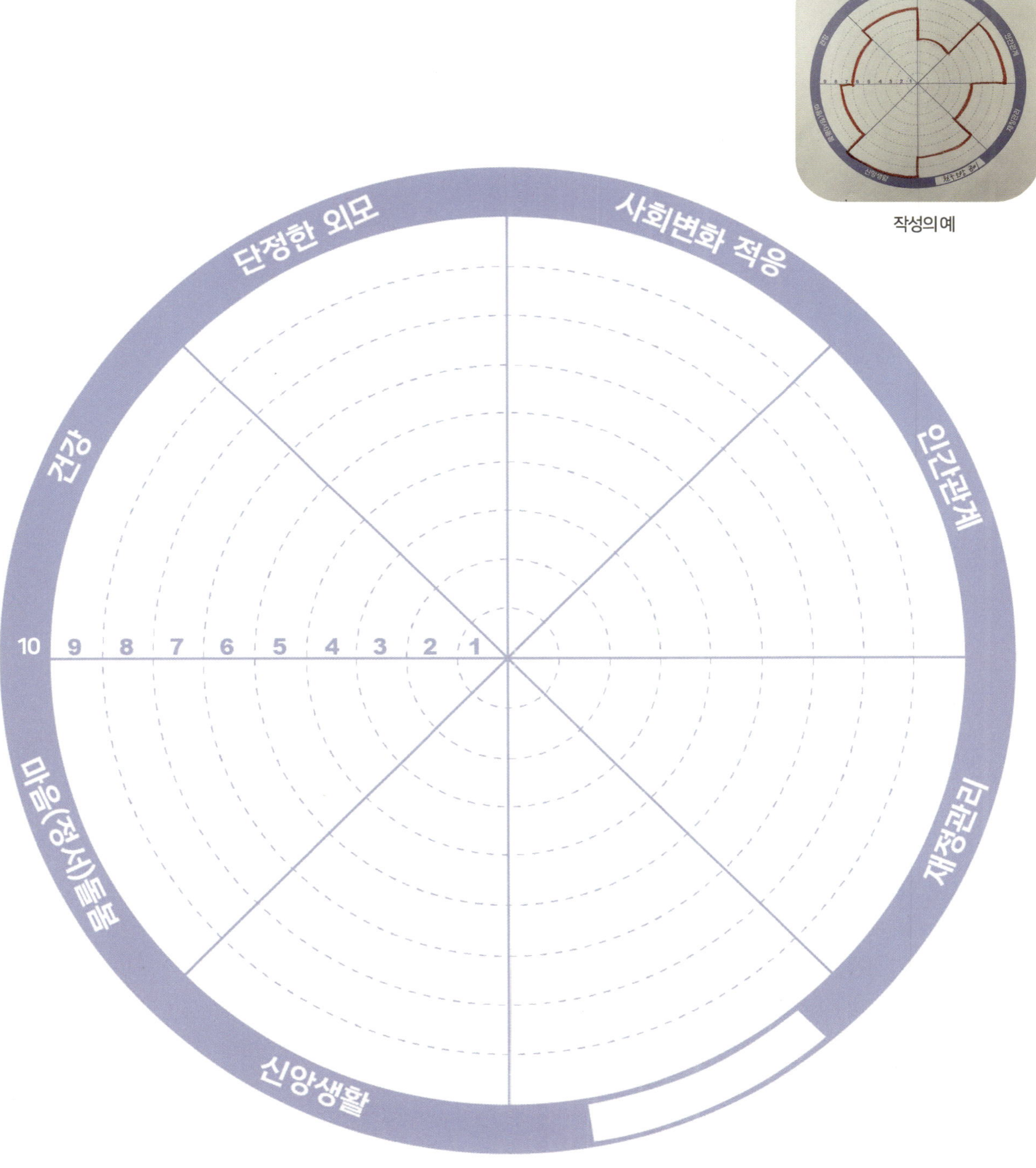

작성의 예

오늘의 강의는 노년기에 겪게 되는 여러 가지 변화를 짚어 보았습니다. 받아들이고 싶지 않지만 나이가 들면서 노화되고 여러 기능이 쇠약해지는 것은 사실입니다. 그러나 그것을 슬퍼하고만 있을 것이 아니라 자연스러운 자연법칙의 일부로 받아들여야 합니다. 그리고 그 가운데서도 노년에만 느낄 수 있는 마음의 여유와 노년의 시기에 가져야 할 새로운 삶의 태도를 생각해 보고, 내 생애 가장 젊은 오늘을 어떻게 좀 더 의미 있게 보낼 것인가를 생각해 보아야합니다. 우리는 아름답게 익어가고, 아름답게 여물어 가는 시니어로 존중받고 존경받는 시니어가 될 수 있습니다. 나의 흰 머리를, 나의 주름을 사랑하며 건강하게 하루하루를 가꾸어가는 시니어가 되길 바랍니다.

1. 한 주간 실천해 봅시다.

● 건강한 삶을 유지할 수 있는 방법을 각자 정하여 실천해 봅시다.
  - 신체적 건강 : 스트레칭이나 걷기 운동(산책) 등 1가지 꾸준히 하기
  - 인지적 건강 : 신문 보기, 성경퀴즈 풀기 등
  - 사회적 건강 : 친구들과 나들이 가기, 가족들과 식사하기 등
  - 정서적 건강 : 식물 가꾸기, 음악 듣기, 독서하기 등
  - 영적 건강 : 찬양 1곡 완곡하기, 성경 1장 소리 내어 읽기 등

● 긍정적 자아상을 형성할 수 있도록 매일 아침, 점심, 저녁 한 번씩 외쳐봅니다.
  "나는 ○○한 시니어다!"
  예) 나는 근사한 시니어다! 나는 현명한 시니어다! 나는 건강한 시니어다!

| 함께 찬양해요!
  1. 내 영혼에 햇빛 비치니(찬 428장)
  2. 오직 주의 사랑에 매여

| 함께 기도해요!
  1. 나이가 들어도 나를 변함없이 사랑해 주시는 하나님을 향해 감사드립니다.
  2. 크리스천 시니어로서 자족하는 삶을 살며 주변에 선한 영향력을 줄 수 있는 사람이 될 수 있게 인도해주소서.
  3. 시니어반에 함께하는 동역자들과 스텝들이 더욱 활기찬 한 주일을 보낼 수 있게 하소서.

다음주 과제

04

성경 속 시니어 만나기

 말씀의 시니어

10 이제 보소서 여호와께서 이 말씀을 모세에게 이르신 때로부터
이스라엘에 광야에서 방황한 이 사십오 년 동안을
여호와께서 말씀하신 대로 나를 생존하게 하셨나이다 오늘 내가 팔십오 세로되

11 모세가 나를 보내던 날과 같이 오늘도 내가 여전히 강건하니
내 힘이 그 때나 지금이나 같아서 싸움에나 출입에 감당할 수 있으니

12 그 날에 여호와께서 말씀하신 이 산지를 지금 내게 주소서
당신도 그 날에 들으셨거니와 그 곳에는 아낙 사람이 있고
그 성읍들은 크고 견고할지라도 여호와께서 나와 함께 하시면
내가 여호와께서 말씀하신 대로 그들을 쫓아내리이다 하니

여호수아 14장 10–12절

모세, 메리 조셉 블론델, 1828년

1. 모세_분별력을 가진 시니어

● 모세는 분별력이 있는 시니어였습니다. 성경에는 "모세가 죽을 때 나이 백이십 세였으나 그의 눈이 흐리지 아니하였고 기력이 쇠하지 아니하였더라(신 34:7)"고 기록되어 있습니다.

모세는 하나님의 말씀 앞에서 믿음의 눈을 밝히고, 영적 분별력을 갖고 사명을 감당하였습니다. 특별히 모세는 노년기에 이스라엘 백성들에게 하나님의 사랑을 전하며, 진심으로 축복하고, 끝까지 분별력 있게 사명을 감당하는 모습을 보였습니다(신 32-33장).

엘리의 죽음(목판화), 율리우스 슈노르 폰 카롤스펠트, 1860년

VS. 엘리_분별력이 없었던 시니어

● 모세와 달리 엘리는 분별력이 없어 하나님의 말씀에 대해 기민하게 행동하지 못했습니다. 자기 아들들이 죄를 지으며 잘못을 저지른 것에 대해 다른 사람들이 지적하고 비난했지만, 하나님 앞에서 바로 분별력 있게 판단하지 못했습니다. 나이 든 엘리는 무거워진 몸과 흐려진 정신으로 살아갔던 것입니다.

2. 사무엘_민족과 다음 세대를 위해 기도하는 시니어

● 사무엘은 기도하는 사명을 가진 시니어였습니다. 특별히 나라와 백성들을 위해 기도했습니다. 나라와 백성들이 비상 상황에 직면했을 때 그는 큰 역할을 감당했습니다. 사무엘이 온 이스라엘에게 미스바에 모여 금식하며 여호와 앞에 회개하라고 명했습니다. 그리고 젖 먹는 어린 양 하나를 가져다가 온전한 번제를 여호와께 드리고, 이스라엘을 위하여 여호와께 부르짖었습니다. 하나님 앞에 우상을 없애고 정결함을 찾는 민족이 되고자 하는 간절한 부르짖음이었습니다. 이 부르짖음에 여호와께서는 응답하셨습니다(삼상 7:9). 이스라엘 백성들이 미스바에 모였다는 소식을 들은 블레셋은 전쟁을 위한 모임으로 생각하

사무엘의 희생과 블레셋의 패배, 니콜라스 폰테인, 미상.

고 이스라엘과의 전쟁을 위해 미스바로 다가왔습니다. 하나님께 제사를 드리던 이스라엘은 블레셋과의 전쟁을 피할 수 없는 상황이었지만, 하나님께서 천둥을 내리시어 완벽한 승리를 주셨습니다.

● 이러한 사무엘의 나라와 민족을 향한 마음은 그의 고백에서 알 수 있습니다. "여호와께서는 너희를 자기 백성으로 삼으신 것을 기뻐하셨으므로 여호와께서는 그의 크신 이름을 위해서라도 자기 백성을 버리지 아니하실 것이요 나는 너희를 위하여 기도하기를 쉬는 죄를 여호와 앞에 결단코 범하지 아니하고 선하고 의로운 길을 너희에게 가르칠 것인즉 너희는 여호와께서 너희를 위하여 행하신 그 큰일을 생각하여 오직 그를 경외하며 너희의 마음을 다하여 진실히 섬기라(삼상 12:22-24)."

3. 시므온과 안나_성령과 동행하며 경건하게 그리스도를 기다렸던 시니어

● 성경은 시므온을 '의롭고 경건하여 이스라엘의 위로를 기다리는 자', '성령이 그 위에 계시는 자'(눅 2:25)로 기록하고 있습니다. 안나에 관해서는 '84세의 고령이나 성전을 떠나지 않고 주야로 금식하며 기도함으로 섬기는 자(눅 2:36-37)'라고 기록하고 있습니다. 이처럼 시므온과 안나는 성령과 동행하며 경건하게 예수 그리스도를 기다렸고, 그분을 만났을 때 감사하고 감격하여 이렇게 찬송했습니다. "내 눈이 주의 구원을 보았사오니 이는 만민 앞에 예비하신 것이요 이방을 비추는 빛이요 주의 백성 이스라엘의 영광이니이다 하니(눅 2:30-32)" 시므온과 안나는 예수님을 기다리는 삶, 경건한 삶을 살아가는 것을 그들의 신앙과 삶에서 가장 중요한 가치로 여기며 살았던 시니어였습니다.

시므온의 노래,
렘브란트 하르멘스존
반 레인, 1669

4. 갈렙_약속의 말씀을 믿고 충성했던 시니어

● 갈렙은 하나님의 약속이 중요했던 인물입니다. 85세의 나이임에도 갈렙은 여전히 약속의 산지를 자신에게 달라고 합니다. 가나안을 정탐하고 돌아온 40세의 갈렙에 비해 지금은 조금이나마 쇠약해져 있었을 것입니다. 그럼에도 그가 그 산지를 자신에게 달라고 한 것은 여전히 기력이 있어서 싸움에 나가겠다기보다는, 여전히 여호와의 말씀을 신뢰하며 흔들림이 없다는 표현으로 보입니다. 이렇게 갈렙은 하나님의 약속을 믿고 충성하였습니다. "나와 함께 올라갔던 내 형제들은 백성의 간담을 녹게 하였으나 나는 내 하나님 여호와께 충성하였으므로(수 14:8)"라는 그의 고백이 이를 증명합니다.

스파이의 귀환, 율리우스
슈노르 폰 카롤스펠트,
1851

● 또한 갈렙은 사명을 가진 자였습니다. 여호수아 14장 10-12절에 "오늘 내가 팔십오 세로되 모세가 나를 보내던 날과 같이 오늘도 내가 여전히 강건하니 내 힘이 그 때나 지금

이나 같아서 싸움에나 출입에 감당할 수 있으니 그 날에 여호와께서 말씀하신 이 산지를 지금 내게 주소서!"라고 말합니다. 갈렙은 사명에 충성하여 자손들 즉 다음세대에게 그들이 정복하지 못했던 땅을 정복하여 물려줄 수 있게 되었습니다. 하나님의 약속의 말씀을 믿고 충성하면 믿음으로 승리하는 삶을 살 수 있다는 것을 몸소 보여주었습니다.

5. 로이스_다음 세대에 신앙을 전수한 시니어

● 디모데의 성장 배후에는 어머니 유니게의 믿음의 양육과 특별히 외할머니 로이스의 신앙 교육이 있습니다. 외할머니 로이스는 말씀에 큰 가치를 두었습니다. 그리고 디모데가 어린 나이부터 철저하게 성경을 가까이 하도록 많은 기회를 주었습니다. 성경의 지식만을 가르쳐준 것이 아니라, 매일매일 자신들의 생활에서 말씀을 적용하며 사는 모습을 본보기로 보여주었습니다. 이 모든 것은 디모데의 삶에 큰 영향을 끼쳤을 것입니다. 디모데는 가정에서 전수받은 신앙을 다시 가르치는 자가 되어 다른 사람에게 전수하게 된 것입니다. 말씀을 중심으로 사는 로이스의 모범과 가르침, 그리고 그녀의 믿음이 디모데의 생애에 큰 영향을 주었습니다.

디모데와 그의 할머니,
렘브란트 하르멘스존
반 레인, 1648

성경의 인물과 특징을 바르게 찾아 연결해 봅시다.

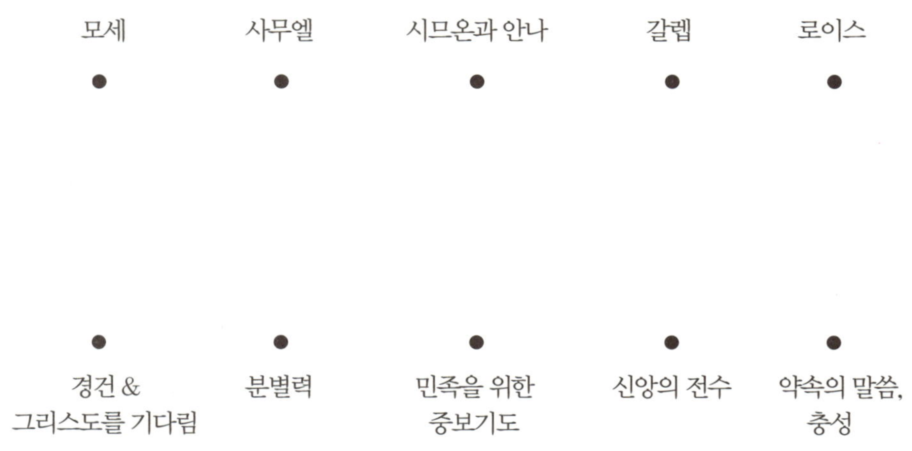

성경 인물 책갈피 만들기!

준비물

시니어 에센스 워크북 활동자료─성경 인물 책갈피 도안, 책갈피 매듭 끈(리본), 미술도구(물감이나 색연필 등), 색 네임펜, 볼펜

이렇게 참여해요!

1. 시니어 에센스 워크북 활동자료─성경 인물 책갈피 도안을 뜯어냅니다.

2. 성경 속 시니어 중 닮고 싶은 인물이 있는 책갈피 도안을 선택합니다.

3. 선택한 도안에 책갈피 인물과 이름에 물감, 네임펜 등으로 색칠하여 꾸미고, 책갈피 상단 중앙에 있는 구멍에
   매듭 끈을 끼워 책갈피를 완성합니다.

4. 완성된 책갈피 뒷면에 있는 성경 말씀을 여러 번 읽으며, 그 인물처럼 살기로 결단합니다.

5. 책갈피 뒷면에 있는 성경 말씀을 워크북에 여러 번 쓰며 성결한 시니어로 살아갑니다.

완성된 책갈피 뒷면에 있는 성경 말씀을 가정에서 워크북에 쓰고, 암송하기를 도전해 보세요!

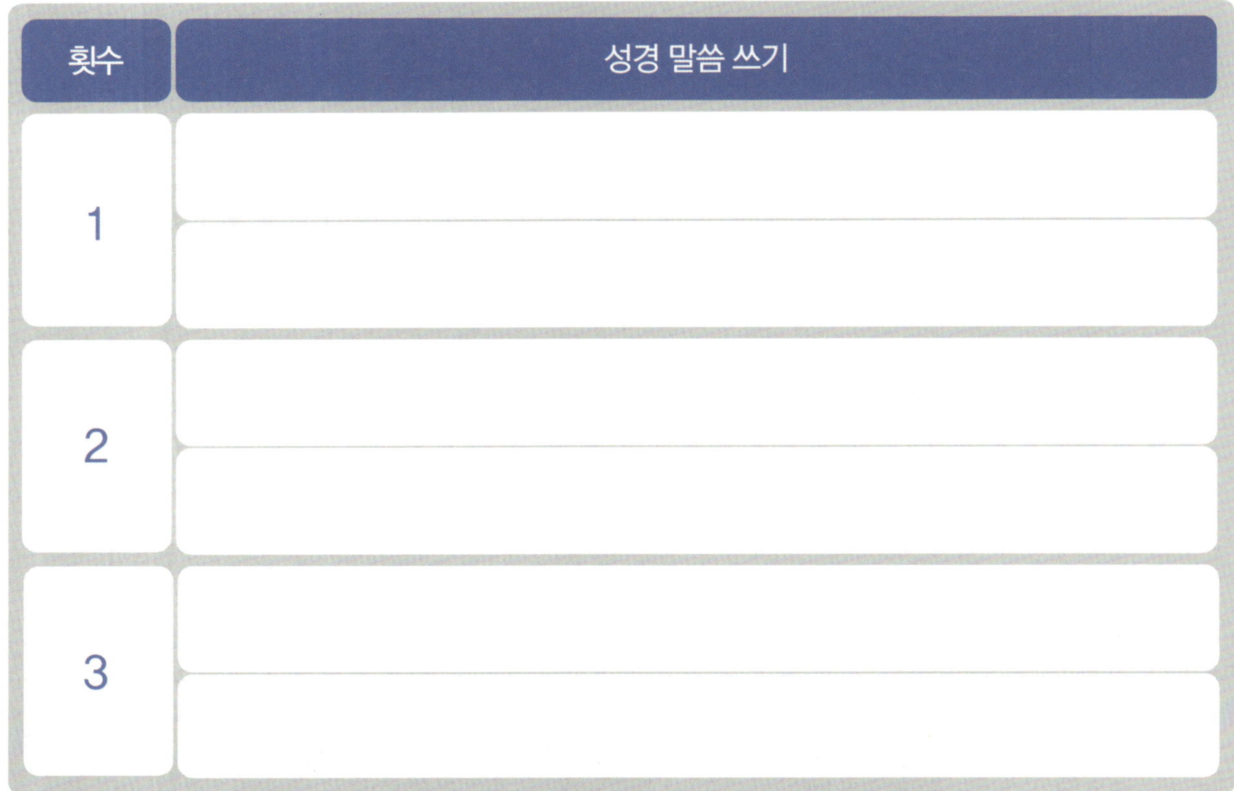

횟수	성경 말씀 쓰기
1	
2	
3	

| 함께 찬양해요!

1. 허락하신 새 땅에 (찬송가 347장)
2. 이 산지를 내게 주소서

| 함께 기도해요!

1. 성경 속 시니어들의 신앙을 기억하며 본받는 시니어가 되게 하소서.
2. 순전한 믿음과 담대한 용기로 사명을 잘 감당할 수 있게 하소서.
3. 시니어 과정을 인도하는 담당 교역자와 스텝들을 지켜주소서.

다음주 과제 나의 과거 사진 가져오기

다음 주에는 과거의 사진 중 나에게 의미 있는 사진 몇 장을 꼭 가지고 오세요. 강의 때 필요한 준비물입니다.

05

나의 인생 사진관

 **말씀의 시니어**

1 여호와여 주께서 나를 살펴 보셨으므로 나를 아시나이다

2 주께서 내가 앉고 일어섬을 아시고 멀리서도 나의 생각을 밝히 아시오며

3 나의 모든 길과 내가 눕는 것을 살펴 보셨으므로 나의 모든 행위를 익히 아시오니

4 여호와여 내 혀의 말을 알지 못하시는 것이 하나도 없으시니이다

시편 139편 1-4절

| 자신의 과거 사진 중에 소개하고 싶은 사진을 찾아오셨습니다.
  과거 사진을 찾으면서 어떤 감정이 들었나요?

| 사진을 찾으면서 떠오른 기억은 무엇인가요?
  주로 생각났던 시절은 어느 시절이었고 그 시절의 모습은 어땠나요?

1. 그땐 그랬지!

● 우리가 살던 동네의 옛 모습이나 어린 시절 신문이나 TV 광고, 젊은 시절 보았던 드라마를 다시 보신 적 있으신가요? 옛 추억을 돌아보면 향수에 젖고 그때 느꼈던 기분도 그대로 느껴지는 듯합니다. 그러면 그때, 그 시절의 추억을 잠시 떠올려 볼까요?

① ________ 년대:

전쟁으로 인해 폐허가 되었던 대한민국에 건물이 생기고, 도로가 나며, 공장이 하나둘 생기기 시작합니다.

② ________ 년대:

민주주의의 기틀이 마련되던 격동기

낭만과 패기가 있던 청춘 시절

③ ________ 년대 이후:

IMF를 이겨낸 "금 모으기 운동"

2. 그때, 그 시절 신앙의 열기

① 1973년 빌리그래함 전도집회

② 산상 집회, 부흥 성회

사진제공: 대전선화교회

③ 선교단체의 찬양집회 (경배와 찬양)

④ 제자훈련

⑤ 2007년도
교단 100주년 기념대회

⑥ 학교 앞 전도,
여름성경학교

⑦ 새벽송의 추억

3. 의미 없는 시간은 한순간도 없습니다!

내 인생의 여정!

지난 시간을 되돌아보며 잊어버린 감사를 기억하고 함께 나눕니다. 가져온 자기의 사진을 소개하며 그 사진에 얽힌 에피소드를 나누어 봅시다.

준비물
나의 지난 시절 사진들

이렇게 참여해요!

1. 자신이 소중히 여기거나, 소개하고 싶은 추억이 담긴 사진을 가져오셨지요? 지금은 그 사진에 얽힌 에피소드를 소개하는 시간입니다. 아래의 안내에 따라 사진에 얽힌 이야기를 들려주세요.
   - 사진을 찍은 년도와 일자, 그리고 나는 몇 살인가요?
   - 사진을 찍은 곳은 어디인가요?
   - 사진을 함께 찍은 사람들은 누구인가요?
   - 사진을 찍게 된 이유는 무엇인가요? 예) 졸업기념, 수련회, 결혼식 등
   - 사진 찍은 때를 떠올리면 어떤 생각이 드나요? 혹은 감사한 것을 말해주세요.

2. 순서를 정하여 한 사람씩 차례로 나와 자기 사진을 소가합니다.

3. 나눔을 마치며 지금까지 지내온 모든 시간들 속에 하나님이 주신 은혜를 기억하며 감사합니다.

　아주 짧은 순간이지만 내게 가장 아름답고, 추억하고 싶고, 행복했고, 기억하고 싶은 순간을 간직하고 있다는 것은 참 감사하고 행복한 일입니다. 물론 오늘 가져오신 사진들은 대부분, 내가 예쁘고 멋있게 나와서 내 맘에 드는 사진이거나, 너무나 뜻깊고 행복해서 기억하고 싶은 순간이라 나누고 싶어서 가져온 사진들이 대부분일 듯합니다. 그러나 돌아보면 우리 인생 여정엔 행복한 순간만이 아니라 쓰리고 아프거나 부끄럽고 후회되는 순간들도 많이 있습니다. 그러나 하나님은 기억하고 싶지 않고, 숨기고 싶은 순간조차 우리 인생을 아름답고 완벽하게 조성하시기 위해 우리에게 허락하셨으리라 믿습니다.

　야곱은 어머니에게 사랑받던 시절도 있었지만, 형을 피해 외삼촌의 집으로 도망가야 했던 아픈 순간도 있었습니다. 라헬을 사랑했던 아름답고 설레던 시간도 있었고, 결혼하고 보니 라헬이 아닌 레아가 자기 부인이 되어있는 것을 알게 되는 황당한 순간도 있었습니다. 고향으로 돌아오고자 할 때, 그는 목숨을 걸고 하나님이 보내신 천사와 담판을 지으면서까지 형과의 만남 앞에서 두려워하기도 하였습니다. 그는 자신의 인생을 두고 참으로 험난한 인생이었다고 고백합니다(창 47:9). 그의 삶에 여러 가지 굴곡이 있고 눈물과 두려움과 괴로움이 있었지만, 하나님이 그와 함께 하시어 그의 인생과 그의 후손을 통해 예수님의 계보가 형성이 됩니다.

　우리 인생도 마찬가지입니다. 오늘 많은 추억을 돌아보면서 기쁘고 행복했던 순간으로 인해 감사합시다. 또 그 사이, 문득 떠오르는 아련한 추억들, 때론 아프고, 숨기고도 싶은 기억들, 다시는 기억하고 싶지 않은 순간들조차도 하나님이 내 인생에 주신 양분이었음을 고백합시다. 모든 순간이 지금의 내가 있기 위한 하나님의 섭리였고, 은혜였음을 고백하며 감사와 찬양을 올려드리길 바랍니다.

| 함께 찬양해요!

　1. 내 평생에 가는 길(찬 413장)

　2. 동행(손경민 곡)

| 함께 기도해요!

　1. 지나온 세월 좋은 추억을 갖게 하시고, 의미 있는 추억을 기억나게 하심을 감사합니다.

　2. 지금까지 살아온 시간을 감사하며 현재 나에게 주신 시간과 사람, 공간을 더욱 사랑하며 하루하루를 의미있게 살아가게 하소서.

　3. 시니어 과정에 함께 하는 동역자들과 좋은 추억을 쌓게 하소서.

다음주 과제 　내 인생을 드라마로 쓴다면 남기고 싶은 장면을 생각해 오기

08

지금까지 지내온 것은

말씀의 시니어

12 사무엘이 돌을 취하여 미스바와 센 사이에 세워 이르되
여호와께서 여기까지 우리를 도우셨다 하고
그 이름을 에벤에셀이라 하니라

사무엘상 7장 12절

| *아래의 시를 천천히 읽어봅시다.

비밀

나, 죽고 싶다고
생각한 적이
몇 번이나 있었어

하지만 시를 짓기 시작하고
많은 이들의 격려를 받아
지금은
우는 소리 하지 않아

아흔여덟에도
사랑은 하는거야
꿈 또한 많아
구름도 타 보고 싶은 걸

시바타 도요,
『약해지지마』
2010

_________ 의 효능

● _________ 는 건강에 도움을 줍니다. 이 활동을 연구한 학자들은 다음과 같이 과학적 효과들을 열거합니다. 먼저 혈압을 조절하며, 근육의 긴장을 풀어줍니다. 그리고 우울증 등의 정서적인 어려움에도 도움이 됩니다. 더하여 사회적인 관계가 개선되어 유대관계가 더욱 끈끈해지고, 무엇보다 기억력이 향상되고 생각이 정리된다고 합니다. 결국 글쓰기는 개인의 성장으로 연결되어 _________ 해진다는 결과가 있습니다.

● 지난 삶을 기억하여 반추하며 쓰는 자서전 형태의 _________ 글쓰기는 내가 누구인지를 정리하는 시간이 됩니다. 고백적 글쓰기를 통해 나의 오래된 기억을 보관할 수 있습니다. 내 삶에 대해 내가 미처 몰랐거나 혹은 알고 싶지 않았던 솔직한 감정을 발견하게 됩니다. 또 지난 시간을 되짚어보며, 수고했던 내 자신을 격려하게 되고 이해하게 됩니다. 그렇게 자신에게는 칭찬조차 인색했던 모습에서 벗어나 자신을 사랑의 눈으로 바라보며 새롭게 세우는 일에도 도움을 줍니다. 치열하게 살았지만 순식간에 흘러온 세월을 살펴보며, 지나왔던 모든 경험과 희로애락의 삶 장면 장면을 통합하여 내가 누구인지를 재구성하게 됩니다. 실패와 성공의 경험, 기쁨의 순간과 슬픔의 나날 등 여러 장면을 한 줄에 꿰어 내가 누구인지를 다시금 정리하는 시간이 될 것입니다.

내 삶을 기록으로 남겨요

1. 내 인생 연보 쓰기

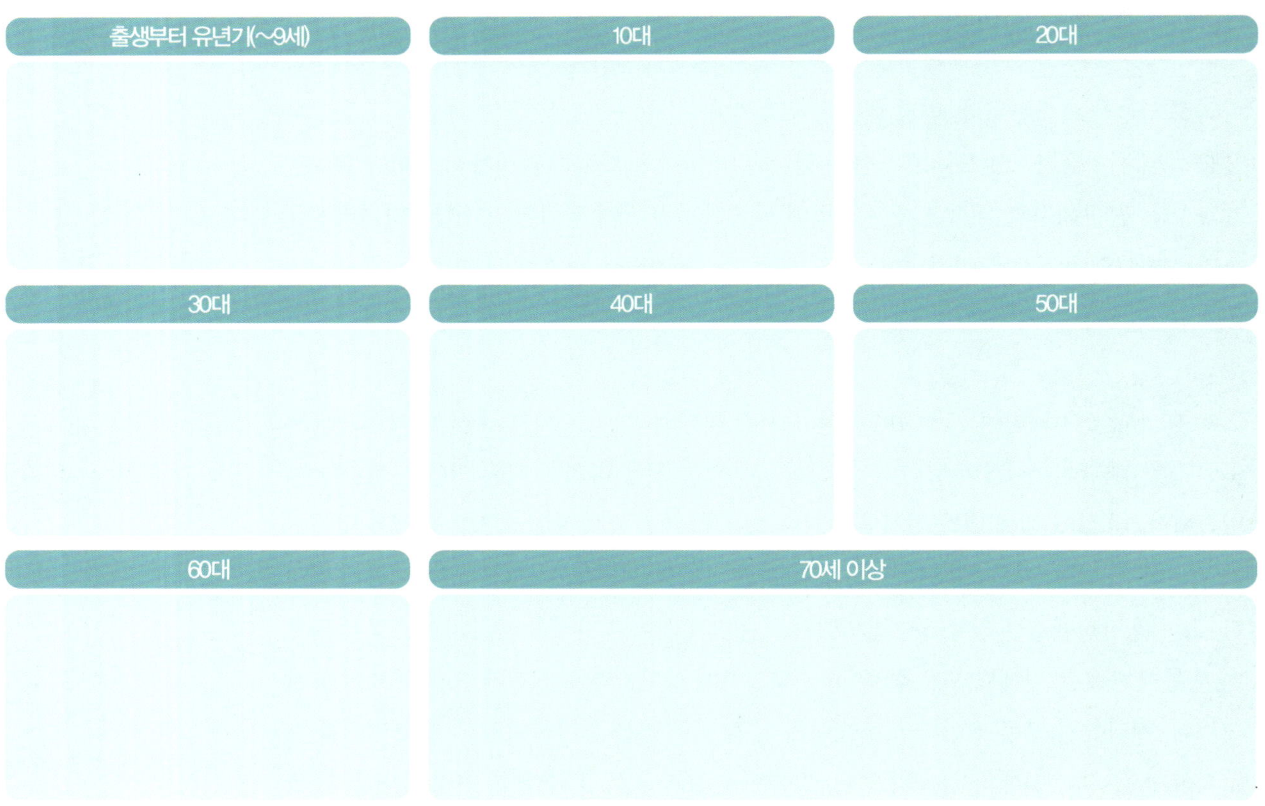

2. 나의 인생그래프 그리기

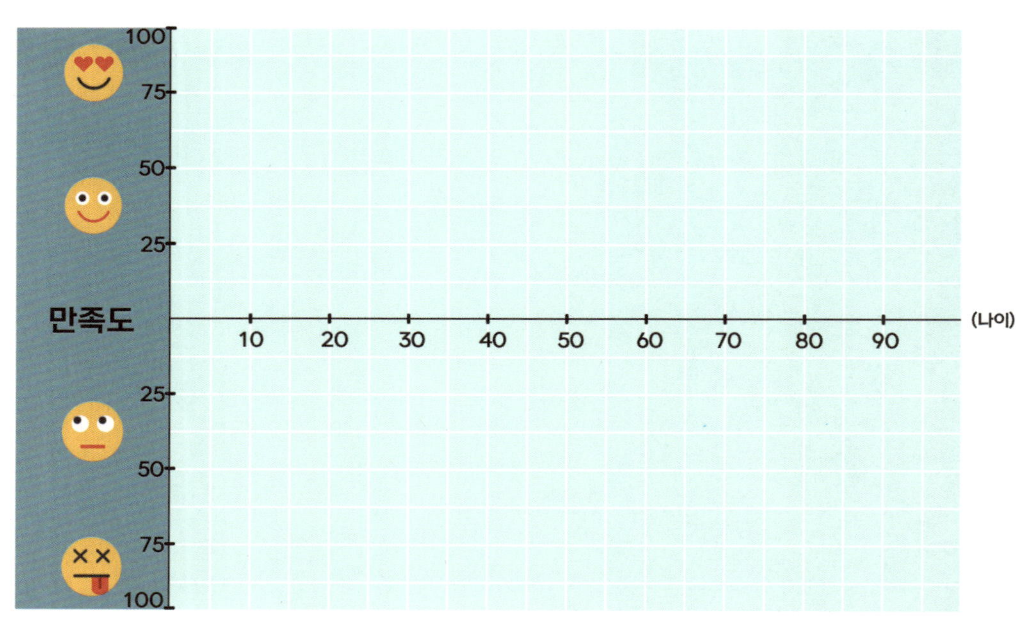

3. 지난 세월 내 삶에 영향을 준 사건(사람) 5개를 생각해 보세요.
   그리고 그 일이 내게 어떤 변화를 주었는지 기록해 보세요.

4. 나를 설명할 수 있는 단어나 표현을 3가지 찾아 그림을 그리거나 글로 설명해 보세요.

5. 지난 나의 인생을 되돌아보며 글을 쓰려고 해요. 내 이야기를 들려주고 싶은 사람이 있나요?
   그 사람이 누구인지, 왜 그 사람에게 들려주고 싶은지 생각해 보세요.

지금까지 지내온 것은

지금까지 지내온 모든 시간은 하나님의 은혜입니다. 에벤에셀의 하나님께서 우리를 인도하셨기에 이 자리에 함께 할 수 있었습니다. 지난 시간을 되돌아보며 어떤 삶이었는지, 기쁨과 슬픔, 고통과 인내, 감사와 찬양 등 하고 싶은 이야기를 담아 '내 인생 자서전'을 작성합니다. 인생 연보처럼 태어났을 때부터 지금까지의 삶을 기록하셔도 좋고, 나를 변화시킨 특별한 사건이나 사람에 대해서 기록하셔도 좋습니다. 내 지난 삶의 이야기를 들려주고 싶은 이에게 편지 글이나, 시, 수필, 혹은 그림일기가 되어도 좋습니다. 형식은 자유롭게 다만 솔직하게 지난 세월을 되돌아보며 마음을 담아 '내 인생 자서전'을 작성해 보세요.

1. 내 인생 자서전의 목차 작성하기

2. 내 인생 자서전 작성하기

제목:

| 함께 찬양해요!

1. 지금까지 지내온 것(찬송가 301장)
2. 은혜(손경민 곡)

| 함께 기도해요!

1. 지금까지 지내온 삶이 하나님의 인도하심으로 가득했음을 고백합니다.
2. 지나간 세월을 하나님의 은혜로 되새기는 지혜를 주소서.
3. 자서전을 쓰며 믿음의 유산을 남길 수 있는 지혜로운 시니어가 되게 하소서.

다음주 과제 '지금까지 지내온 것은(자서전)' 계속 작성하기 / 수료식에 자서전 전시

07

마음의 건강검진

20 내 아들아 내 말에 주의하며 내가 말하는 것에 네 귀를 기울이라

21 그것을 네 눈에서 떠나게 하지 말며 네 마음 속에 지키라

22 그것은 얻는 자에게 생명이 되며 그의 온 육체의 건강이 됨이니라

23 모든 지킬 만한 것 중에 더욱 네 마음을 지키라 생명의 근원이 이에서 남이니라

24 구부러진 말을 네 입에서 버리며 비뚤어진 말을 네 입술에서 멀리 하라

25 네 눈은 바로 보며 네 눈꺼풀은 네 앞을 곧게 살펴

26 네 발이 행할 길을 평탄하게 하며 네 모든 길을 든든히 하라

27 좌로나 우로나 치우치지 말고 네 발을 악에서 떠나게 하라

잠언 4장 20-27절

1. _________도 건강검진이 필요합니다.

● 마음도 건강검진이 필요합니다. 우리의 마음을 되돌아보고 아픈 마음을 살펴보아야 합니다. 평강의 마음을 지키고 싶은데 불안이 마음을 흔듭니다. 때로는 누군가에게 섭섭했던 마음이 미움으로 번질 때가 있습니다. 이 감정을 방치하면 나의 주요 감정으로 자리잡아 작은 일에도 서운하게 됩니다. 그래서 왜 이런 감정이 생겼는지, 돌아볼 필요가 있습니다.

2. _________ 의 기억이 _________ 우리 마음에 영향을 줍니다.

● 기억은 강력할 수 있습니다. 그래서 과거의 기억이 현재의 우리 마음에 영향을 줍니다. 좋은 기억이든 나쁜 기억이든 현재의 여러 가지 감정에 영향을 미칩니다. 과거의 기억으로 안도감, 평온, 자부심, 만족감부터 고통, 원한, 분노 등의 정서가 생깁니다.

● 오늘은 나쁜 기억을 생각해 보겠습니다. 역경이나 고난으로 생긴 나쁜 기억을 반추하는 것은 고통스럽습니다. 그리고 인생의 부정적 측면에 초점을 맞추면 당연히 기분이 나빠집니다. 그러나 나쁜 기억을 회피하지 말고 직면하는 것이 좋습니다. 왜냐하면 나쁜 기억을 회상하고 이로 생긴 감정을 살펴보면 역경으로 생긴 마음의 상처와 아픔을 이해할 수 있기 때문입니다. 더 나아가 자기 자신이나 타인을 용서할 수 있는 단계까지 나아갈 수 있습니다.

3. 하나님께서 나를 _________주십니다(창 16:13).

● 하나님은 고통 가운데 있는 나를 살펴주십니다. 창세기 16장의 하갈은 여주인 사래의 요청으로 아브람과 동침하여 임신합니다. 하갈이 임신하자 오히려 사래가 하갈을 학대합니다. 하갈이 이를 피해 도망갔습니다. 광야에서 하갈은 여호와의 사자를 만납니다. 여

호와의 사자는 하나님께서 하갈의 고통을 들으셨다고 말합니다. 억울하고 지친 하갈의 고통을 하나님께서 보시고 그녀의 아픔을 어루만져 주셨습니다. 곧바로 하갈은 "나를 살피시는 하나님"이라고 고백합니다. 하나님께서는 나쁜 기억으로 고통받는 우리를 모른 척하지 않으십니다. 오히려 우리의 마음을 살펴주시고 어루만져주십니다.

세 가지 나쁜 기억

준비물

시니어 에센스 워크북, 필기도구, 시니어 에센스 워크북 활동자료–감정카드

이렇게 참여해요!

1. 대기실 지정된 자리에서 내 과거의 나쁜 기억을 생각나는 대로 천천히 씁니다. 세 가지 다 쓰지 않아도 됩니다.

2. 나쁜 기억이 현재 어떤 영향을 주는지 쓰십시오.

　　예) 과거 사건을 곱씹는다, 몸이 아프다, 연을 끊었다 등을 쓰면 됩니다.

3. 나쁜 기억으로 어떤 감정이 생겼는지 체크하고 부록에서 해당 감정 카드를 뜯으십시오.

4. 진료실에 자신이 선택한 감정 카드를 들고 들어갑니다.

5. 진료실에서 담당자와 세 가지 나쁜 기억 중 한 가지를 3분 동안 이야기합니다.

6. 대기실에서 마음을 지켜주시고 살펴주시는 하나님께 조용히 기도합니다.

나쁜 기억 1

1. 나쁜 기억을 쓰세요.

____

____

____

2. 이 기억이 현재에 어떤 영향을 줍니까?

____

____

____

3. 이 기억으로 어떤 감정이 생겼는지 체크하십시오(복수 선택 가능).

☐ 무서워요　☐ 슬퍼요　☐ 부끄러워요　☐ 답답해요　☐ 미워요　☐ 섭섭해요　☐ 불안해요　☐ 원망스러워요

☐ 화나요　☐ 외로워요　☐ 괴로워요　☐ 보고싶어요　☐ 미안해요　☐ 고민이에요　☐ 후회해요　☐ 기타(　　　　　)

1. 나쁜 기억을 쓰세요.

____

____

____

2. 이 기억이 현재에 어떤 영향을 줍니까?

____

____

____

3. 이 기억으로 어떤 감정이 생겼는지 체크하십시오(복수 선택 가능).
 ☐ 무서워요 ☐ 슬퍼요 ☐ 부끄러워요 ☐ 답답해요 ☐ 미워요 ☐ 섭섭해요 ☐ 불안해요 ☐ 원망스러워요
 ☐ 화나요 ☐ 외로워요 ☐ 괴로워요 ☐ 보고싶어요 ☐ 미안해요 ☐ 고민이에요 ☐ 후회해요 ☐ 기타(   )

1. 나쁜 기억을 쓰세요.

____

____

____

2. 이 기억이 현재에 어떤 영향을 줍니까?

____

____

____

3. 이 기억으로 어떤 감정이 생겼는지 체크하십시오(복수 선택 가능).
 ☐ 무서워요 ☐ 슬퍼요 ☐ 부끄러워요 ☐ 답답해요 ☐ 미워요 ☐ 섭섭해요 ☐ 불안해요 ☐ 원망스러워요
 ☐ 화나요 ☐ 외로워요 ☐ 괴로워요 ☐ 보고싶어요 ☐ 미안해요 ☐ 고민이에요 ☐ 후회해요 ☐ 기타(   )

나쁜 기억에서 이득 찾기

인생의 나쁜 기억을 쓰고 이로 인해 생긴 감정이 무엇인지 살펴보았습니다. '내 마음이 괜히 울적하고 힘든 것이 아니었구나.'하는 생각이 들었을 것입니다. 이제 우리는 나쁜 기억, 즉 나쁜 사건에서 발생한 이득을 찾아보겠습니다. 역경과 고난에서 이득을 찾는 작업은 어려움을 극복하고 효율적으로 대처하게 합니다. 또한 건강에도 도움을 줍니다. 이득 찾기는 일주일 동안 숙제로 합니다.

1. 조용한 장소에서 활동을 합니다.
2. 중앙 얼굴 그림에 나의 나쁜 기억을 씁니다.
3. 나쁜 기억의 주변 동그라미에 나쁜 사건으로 생긴 이득을 찾아 씁니다.
   예) 다른 사람의 마음을 헤아릴 수 있게 되었다, 예수님을 믿게 됐다, 배우자를 만나게 되었다 등을 쓰십시오.
4. 문법과 맞춤법에 상관없이 씁니다. 단어로만 써도 됩니다.
5. 글을 쓰고 난 뒤, 잠시 눈을 감고 기도하거나 쉬십시오.

나쁜 기억 이득 찾기 1

나쁜 기억 이득 찾기 2

1. 너 예수께 조용히 나가(찬송가539장)

1. 과거 나의 나쁜 기억과 감정을 살펴보는 시간을 주셔서 감사합니다.

2. 하나님께서 나의 부정적 감정을 어루만져 주시고 보살펴 주시기를 간구합니다.

3. 고난 속에서 함께 하시고 성숙하게 해 주신 것을 발견하는 일주일이 되길 기도합니다.

다음주 과제

08

용서의 여정

9 도리어 사랑으로써 간구하노라

　나이가 많은 나 바울은 지금 또 예수 그리스도를 위하여 갇힌 자 되어

10 갇힌 중에서 낳은 아들 오네시모를 위하여 네게 간구하노라

　빌레몬서 1장 9–10절

1. 용서하는 법을 배워야 합니다.

● 사람을 비판하고 미워하는 것은 본성적이라서 쉽습니다. 비판하고 미워하는 것은 노력할 필요가 없습니다. 반면에 용서하고 사랑하기는 어렵습니다. 용서는 타락한 인간의 본성이 아닙니다. 용서는 하나님의 본성입니다. 그래서 우리는 서로 용서하는 것을 배워야 합니다. 자전거 타는 법을 배우고 타는 훈련을 하여 몸에 익숙하게 하는 것처럼 용서하는 법도 배워야 합니다. 하나님의 은혜 아래서 용서하는 것을 훈련해야 합니다.

2. 용서란 무엇인가?

● 우리말 사전 '용서': ___________ 을 베풀어 벌하지 않음

● 옥스퍼드 사전 '용서': 상대방의 범죄, 결함, 실책으로 인한 ___________ 나 ___________ 을 더 이상 느끼지 않는 것

● 헬라어 '용서': 멀리 보내다, 놓아주다, 자신을 풀어주다

● 기독교 '용서': 정상 참작할 이유가 있어서 벌이나 심판을 덜어 주는 것이 아니다. 혹은 자기 잘못을 책임질 수 있을 만한 자격이나 능력이 있어서 용서 받는 것도 아니다. 용서는 자신으로서는 ___________ 도 할 수 없고 자기 힘으로는 잘못을 ___________ 할 수 없는 경우 행해진다(『질문하는 신학』 중에서)

3. 용서에 이르는 길

에버렛 워딩턴 박사는 용서가 비록 쉽지 않고 단숨에 이루어지기 힘들지만, 용서에 이르는 길(REACH)을 5단계로 나누어 설명합니다.

● 1단계. R (Recall the hurt, 상처 회상)

자신이 받은 상처를 돌이켜 기억하는 단계입니다. 상처받은 것을 부인하지 않습니다. 이때는 최대한 객관적인 자세를 취합니다. 가해자를 악한 자로 생각해서도 자기연민에 휩싸여서도 안 됩니다. 천천히 심호흡을 하면서 마음을 가라앉히고 그때 사건을 되짚어 보아야 합니다.

● 2단계. E (Empathize with the transgressor, 상처를 입힌 사람과 감정 이입하기)

나에게 피해를 준 이유가 무엇인지 가해자의 입장을 헤아려보려고 노력하는 단계입니다. 이것은 그다지 쉬운 일이 아닙니다. 그래도 가해자에게 해명할 기회를 주었을 때 그가 했을 법한 이야기를 생각해 봅니다.

● 3단계. A (Altruistic attitude, 이타적 선물인 용서)

용서가 곧 이타적 선물임을 상징하는 머리글자인데, 몹시 어려운 단계입니다.

먼저 자신이 다른 누군가를 해코지하고 죄의식에 시달리다가 용서를 받았던 때를 돌이켜 보십시오. 그 용서는 자신이 다른 사람에게 받은 선물인 셈입니다. 용서라는 선물은 피해자가 가해자에게 베푸는 선물입니다. 용서가 진정한 선물이 되려면 스스로 마음의 상처와 원한을 극복할 수 있다고 다짐해야 합니다. 선물을 주면서도 원망을 떨쳐내지 못하면 자유를 얻지 못합니다.

● 4단계. C (Commit to forgive, 용서를 약속하기)

용서를 결심하고 실천하는 단계입니다. 용서의 결심은 말로 혹은 글로 표현되어야 합니다. 용서 편지를 쓰거나, 일기, 시, 노래로 용서를 표현합니다. 이런 것들은 용서의 약정서가 됩니다. 용서 편지를 썼다고 해서 꼭 용서 편지를 가해자에게 보내지 않아도 됩니다.

● 5단계. H (Hold onto forgiveness, 용서의 지속)

용서하는 마음을 굳게 지킨다는 의미입니다. 이 또한 어렵습니다. 그 사건에 대한 기억이 어느 순간 불쑥 되살아나곤 하기 때문입니다. 용서란 원한을 말끔히 지워 없애는 것이 아니라 기억 끝에 있는 꼬리말을 긍정적으로 바꾸는 것입니다. 용서하지 않는다는 사실로 가해자에게 보복하는 것은 아닙니다. 원한을 곱씹으며 기억에 얽매이기보다 기억에서 헤어나기 위해 노력해야 합니다. 직접 작성한 용서 편지를 읽으며 '나는 용서했다'는 말을 되뇌면 이 단계를 극복하기가 한결 쉬울 것입니다.

4. 용서의 여정을 예수님과 출발해 보는 것은 어떨까요?

　용서는 고통스러운 과거를 떠나 희망찬 미래를 향해 문을 활짝 여는 것입니다. 용서는 고통을 피하는 것이 아닙니다. 빨리 용서하고 잊으려 해도 잊혀지지 않습니다. 용서는 고통을 직면하고 서서히 회복하는 길고 긴 여정입니다.

　눈물과 피를 쏟으며 겟세마네에서 기도하신 예수님께서 우리와 함께 계십니다. 용서의 여정에 예수님이 동행하십니다. 용서의 여정을 예수님과 출발해 보는 것은 어떨까요?

모욕과 상처의 감자자루 내려놓기

준비물

감자(1명당 10개), 손잡이 비닐봉투(1명당 1장),
감정 카드(시니어에센스 '감사'과정 지도자 자료 첨부)

진행방법

1. 진행자에게 감자 10개와 비닐봉투 1장, 감정카드를 받으세요.

2. '7강 나쁜 기억'에서 느꼈던 감정을 감정 카드에서 고르세요.

3. 감정 카드를 감자에 붙이세요. 그리고 감자자루(비닐봉지)에 담으세요.

4. 나쁜 기억 이외에 모욕이나 상처를 경험한 사건이 있나요?

   지금부터 3분 동안 모욕적이거나 상처받은 사건이 생각나는 것이 있다면 감자를 한 알씩 비닐봉지에 담으세요.

5. 모욕과 상처의 감자자루를 들어보세요. 무게가 어떤가요?

6. 모욕과 상처의 감자자루를 들고 열 발자국 걸어보세요. 걷기 쉽나요?

7. 일주일 내내 아침에 일어나 화장실에 가거나, 식사하거나, 잠자리에 들 때까지 그 자루를 들고 다녀야 한다고
   생각해 보세요.

8. 무거운 감자자루를 들고 다니는 상상만으로도 피로가 느껴지고 헛웃음이 나지 않으신가요?

9. 모욕과 상처의 감자자루를 들고 다니고 싶지 않으면 지금 앞으로 가져와 내려놓으십시오.

10. 오늘부터 모욕과 상처의 감자를 내 마음에 담지 않는 연습부터 시작합시다.

용서 편지 쓰기

용서의 여정을 걸어가기 위한 첫걸음으로 용서 편지를 써 봅시다. 용서 편지는 나쁜 기억이나 피해를 당한 사건을 먼저 쓰고 이때 느꼈던 감정을 서술합니다. 그리고 가해자를 용서하는 일에 대해 곰곰이 생각한 후, 할 수 있겠다는 생각이 들면 가해자를 용서한다는 약속도 편지에 써 봅니다. 그러나 절대로, 편지를 쓴 대상에게 편지를 보내거나 편지의 내용을 이야기하지 않습니다. 용서 편지 쓰기의 목적은 응답이 없는 상태에서 용서의 힘을 경험하도록 도와주는 데 있습니다. 따라서 이 편지는 더 이상 만날 수 없거나 이미 죽은 누군가에게도 쓸 수 있습니다. 마지막으로, 어떤 사람들은 자기 자신을 용서하지 못하기도 합니다. 만약 그러하다면, 자기 자신을 용서하는 편지를 쓰십시오. 예수님께서 용서의 여정에 동행하시고 힘을 주십니다.

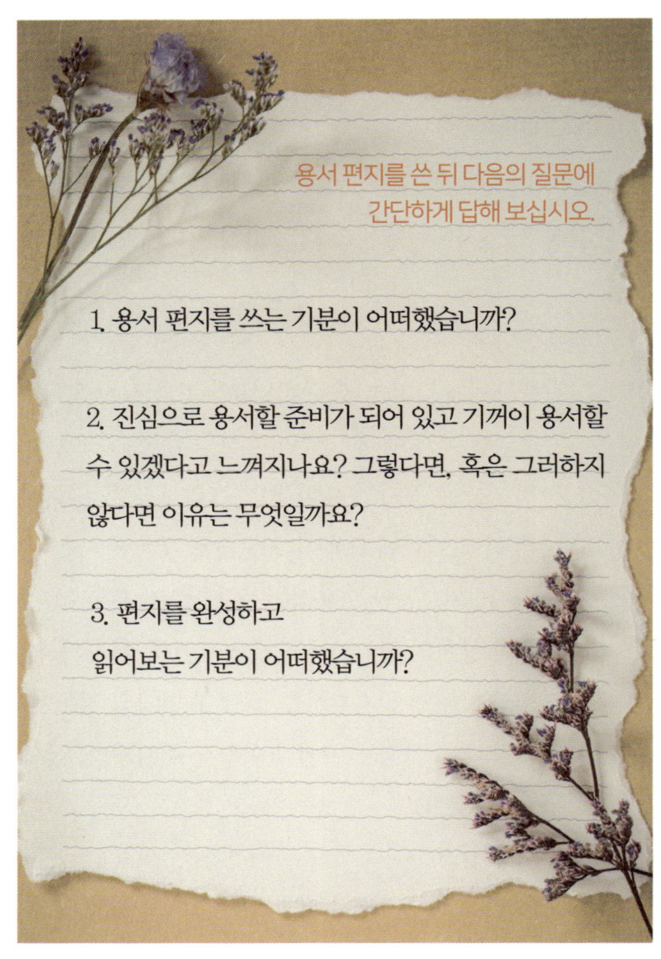

| 함께 찬양해요!

1. 그 크신 하나님의 사랑(찬송가304장)

| 함께 기도해요!

1. 용서에 대해 배우게 하심을 감사합니다.
2. 용서의 여정에 예수님께서 동행하심을 믿고 용서를 결단하게 하소서.
3. 용서를 통해 원한과 분노에서 해방되고 화해와 평안을 누리게 하소서.

다음주 과제

09

그래서 감사합니다

 **말씀의 시니어**

1 내가 오늘 명하는 모든 명령을 너희는 지켜 행하라 그리하면 너희가 살고 번성하고 여호와께서 너희의 조상들에게 맹세하신 땅에 들어가서 그것을 차지하리라

2 네 하나님 여호와께서 이 사십 년 동안에 네게 광야 길을 걷게 하신 것을 기억하라 이는 너를 낮추시며 너를 시험하사 네 마음이 어떠한지 그 명령을 지키는지 지키지 않는지 알려 하심이라

3 너를 낮추시며 너를 주리게 하시며 또 너도 알지 못하며 네 조상들도 알지 못하던 만나를 네게 먹이신 것은 사람이 떡으로만 사는 것이 아니요 여호와의 입에서 나오는 모든 말씀으로 사는 줄을 네가 알게 하려 하심이니라

4 이 사십 년 동안에 네 의복이 해어지지 아니하였고 네 발이 부르트지 아니하였느니라

5 너는 사람이 그 아들을 징계함 같이 네 하나님 여호와께서 너를 징계하시는 줄 마음에 생각하고

6 네 하나님 여호와의 명령을 지켜 그의 길을 따라가며 그를 경외할지니라

7 네 하나님 여호와께서 너를 아름다운 땅에 이르게 하시나니 그 곳은 골짜기든지 산지든지 시내와 분천과 샘이 흐르고

8 밀과 보리의 소산지요 포도와 무화과와 석류와 감람나무와 꿀의 소산지라

9 네가 먹을 것에 모자람이 없고 네게 아무 부족함이 없는 땅이며 그 땅의 돌은 철이요 산에서는 동을 캘 것이라

10 네가 먹어서 배부르고 네 하나님 여호와께서 옥토를 네게 주셨음으로 말미암아 그를 찬송하리라

신명기 8장 1–10절

| 감사로 인해 경험한 행복한 기억이 있나요?

| 감사가 힘든 이유는 무엇일까요?

1. 감사

● '감사'는 고맙게 여기는 마음입니다. 성경에서 감사는 하나님과 연결되어 있습니다. 이스라엘 백성은 여호와 하나님을 찬양하며 감사를 고백했습니다. 성도의 감사는 삶의 모든 순간이 여호와의 은혜임을 고백하는 것이며 찬양하는 것입니다.

2. 감사는 ___________ 입니다.

● 너는 엿새동안 일하고 일곱째 날에는 쉴지니 밭 갈 때에나 거둘 때에도 쉬며 칠칠절 곧 맥추의 초실절을 지키고 세말에는 수장절을 지키라 너희의 모든 남자는 매년 세 번씩 주 여호와 이스라엘의 하나님 앞에 보일지라 내가 이방 나라들을 네 앞에서 쫓아내고 네 지경을 넓히리니 네가 매년 세 번씩 여호와 네 하나님을 뵈려고 올 때에 아무도 네 땅을 탐내지 못하리라(출 34:21-24)

● 이스라엘 백성은 ___________, ___________, ___________을 지켰습니다. 이 절기에는 공통점이 있습니다. 바로 ___________ 의 절기라는 것입니다. 무교절은 이스라엘 백성이 애굽에서 해방된 것을 기념하며, 맥추절은 처음 수확한 밀과 보리를 하나님께 드리며, 수장절은 연중에 과일과 곡식을 거두어 저장케 하신 하나님의 은혜에 감사하며 지키는 절기입니다. 하나님께서 절기를 지키라고 명령한 것은 받은 은혜를 기억하며 감사하라는 것입니다. 사도 바울은 데살로니가 교인들을 향해 범사에 감사할 것을 권면하였습니다. 또한 교회에 보내는 편지 인사말에 항상 '감사하라'고 명하며, 감사는 반드시 지켜야 할 삶의 동기임을 보여주었습니다.

● 감사는 선택의 문제가 아닙니다. 감사를 해도 되고, 안 해도 되는 감정의 문제도 아닙니다. 감사는 하나님의 명령으로 성도가 마땅히 가져야 할 삶의 태도입니다.

3. 감사는 _____________입니다.

- 감사로 제사를 드리는 자가 나를 영화롭게 하나니 그의 행위를 옳게 하는 자에게 내가 하나님의 구원을 보이리라(시 50:23)

- 감사하는 자에게는 하나님의 _________ 이 임합니다. 시편 기자는 감사로 예배하는 자는 하나님께 영광을 돌리는 사람이니, 올바른 삶의 태도를 살아가는 자에게 하나님께서 구원을 보여주신다고 말합니다(시 50:23). 이는 감사하는 자에게 회복의 역사를 베푸시겠다는 뜻입니다. 회복의 역사를 소망하며 감사하십시오.

- _____________이란 원래의 좋은 상태로 되돌아오는 힘을 말합니다. 몸이 힘을 발휘하려면 강한 근육이 필요한 것처럼, 마음의 회복을 위해서도 마음의 근육이 필요합니다. 마음의 근육을 튼튼하게 하는 가장 좋은 방법은 감사입니다. 감사는 심박수와 뇌에 긍정적 변화를 주어, 회복을 돕습니다.

4. 감사는 _____________입니다.

- 아무 것도 염려하지 말고 다만 모든 일에 기도와 간구로, 너희 구할 것을 감사함으로 하나님께 아뢰라 그리하면 모든 지각에 뛰어난 하나님의 평강이 그리스도 예수 안에서 너희 마음과 생각을 지키시리라(빌 4:6-7)

- 사도 바울은 빌립보 교회 성도들에게 "아무 것도 염려하지 말라."고 명령합니다. 감사의 반대는 염려입니다. 염려가 쌓이면 불평과 불만이 늘고 우리 삶은 점점 황폐해집니다. 감사는 하나님을 바라보는 것이며, 하나님의 은혜를 고백하는 것입니다. 바울은 감사할 때 하나님의 _________ 을 경험하게 될 것이라고 말합니다. 모든 지각에 뛰어난 하나님의 평강이 우리 삶의 모든 것, 마음과 생각을 지켜 능력 있는 모습으로 살아가게 될 것이라고 말합니다.

- 감사할 때 우리 뇌는 구조적인 변화가 일어나는데, '주의집중'을 담당하는 영역과 '도덕적 판단'을 담당하는 영역이 활성화됩니다. 또한 감사할 때 뇌의 혈액량이 증가하여 소뇌에 충분한 혈액이 공급되면서 엔도르핀이 분비되고, 이는 면역력 증대와 혈액순환을 돕습니다. 더하여 스트레스 호르몬인 코르티솔을 조절하여 공포와 불안을 조절해 줍니다.

- 감사는 삶을 _________ 시킵니다. 감사할 때 염려가 줄어듭니다. 긴장과 불안이 줄며 결국 자기 삶을 담대함으로 받아들이게 됩니다. 감사는 능력입니다. 염려를 내려놓고 모든 지각에 뛰어난 _________ 의 _________ 이 우리 삶의 능력으로 임하도록 감사하십시오.

5. 감사는 ___________ 입니다.

● 범사에 감사하라 이것이 그리스도 예수 안에서 너희를 향하신 하나님의 뜻이니라(살전 5:18)

● 감사가 삶의 _________ 이 될 때까지 성도는 몸부림치며 훈련해야 합니다. '범사에' 라는 말은 헬라어로 '엔 파티'라고 합니다. 이는 '모든 일'을 뜻하는데, '어떤 형편에서든지', '무슨 일이 일어나던지'와 같은 깊은 의미를 포함합니다. 감사할 만한 일에 감사하는 것이 아니라 사소하고 별것 아닌 것 같은 일에도, 오히려 힘든 일에도 감사를 결단하며 감사를 고백해야 한다는 의미입니다. 이것이 하나님께서 우리가 가지길 원하는 삶의 태도이자, 가치입니다.

● 감사는 마음으로만 하는 것이 아니라 보고, 듣고, 쓰고, 말하며, 행하면서 훈련해야 합니다. 감사를 훈련이라고 하는 이유는 시간과 정성을 들여 반복적으로 익히는 과정이 필요하기 때문입니다. 날마다 우리 삶을 돌아보며 감사를 _________ 해야 합니다. 우리의 태도와 성향을 고치기 위해 몸부림치는 훈련을 해야 합니다.

지난 시간을 되돌아보며 잊어버린 감사를 기억하며 함께 나눕니다.

지난 세월 동안 열심히 살아온 나 자신에게 참 감사하다.

나에게 많은 추억과 성장의 발판을 만들어 준 사람들에게 참 감사하다.

나에게 호흡 주시고 인도해주신 내 아버지 하나님께 참 감사하다.

내 인생 감사리스트를 만들어보세요. 단 한 순간도 허투루 흘러갔던 시간이 아님을 발견하게 될 것입니다.
이번 한 주 동안 지난 세월 고백하지 못했던 감사를 찾아보세요.

1
2
3
4
5
6
7
8
9
10

| 함께 찬양해요!

1. 날 구원하신 주 감사
2. 눈가의 주름이 많아지고 눈물이 많아졌습니다

| 함께 기도해요!

1. 지금까지 인도하시고 지키시며 보살피신 하나님 감사합니다!
2. 감사 훈련으로 하나님께서 허락하신 회복과 능력의 한 주 되게 하소서!
3. 내가 머문 곳에서 감사가 넘치게 하는 평화의 입술이 되게 하소서!

다음주 과제 '지금까지 살아온 것은(자서전)' 완성하기

감사

손경민

오늘 숨을 쉬는 것 감사
나를 구원하신 것 감사
내 뜻대로 안돼도 주가 인도하신 것
모든 것 감사
내게 주신 모든 것 감사
때론 가져가심도 감사
내게 고난주셔서 주 뜻 알게하신 것
모든 것 감사

주님 감사해요 주님 감사해요
내가 여기까지 온 것도 은혜입니다
주님 감사해요 주님 감사해요
나를 사랑하신 주 사랑 감사합니다.

항상 주안에 있음 감사
참된 소망주심도 감사
나 같은 사람도 자녀 삼아주신 것
모든 것 감사

주님 감사해요 주님 감사해요
내가 여기까지 온 것도 은혜입니다
주님 감사해요 주님 감사해요
나를 사랑하신 주 사랑 감사합니다

10

다시 피는 감사

격려 나누기

함께 과정을 마친 지체들에게 축복의 글로 서로를 격려해주세요.

활동자료

모세
사무엘
시므온과 안나
갈렙
로이스

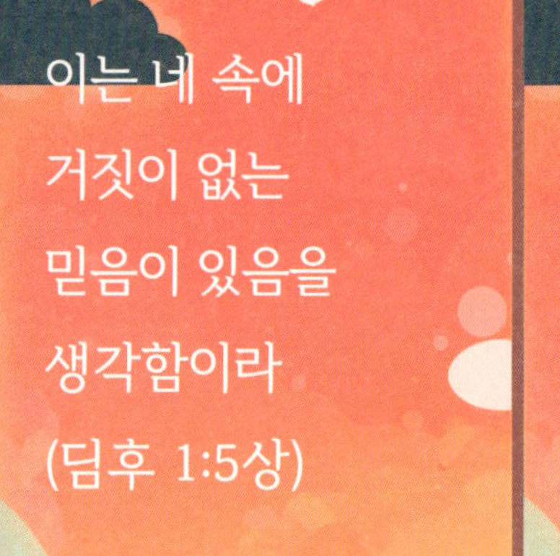

이는 네 속에
거짓이 없는
믿음이 있음을
생각함이라
(딤후 1:5상)

로이스

그 날에
여호와께서 말씀하신
이 산지를
지금 내게 주소서
(수 14:12상)

갈렙

내 눈이
주의 구원을
보았사오니
이는 만민 앞에
예비하신 것이요
(눅 2:30-31)

시므온
과
안나

나는
너희를 위하여
기도하기를 쉬는 죄를
여호와 앞에
결단코 범하지
아니하고
(삼상 12:23상)

사무엘

모세가 죽을 때
나이 백이십 세였으나
그의 눈이 흐리지
아니하였고
(신 34:7상)

모세

나쁜기억
감정 카드
시니어 에센스 워크북1

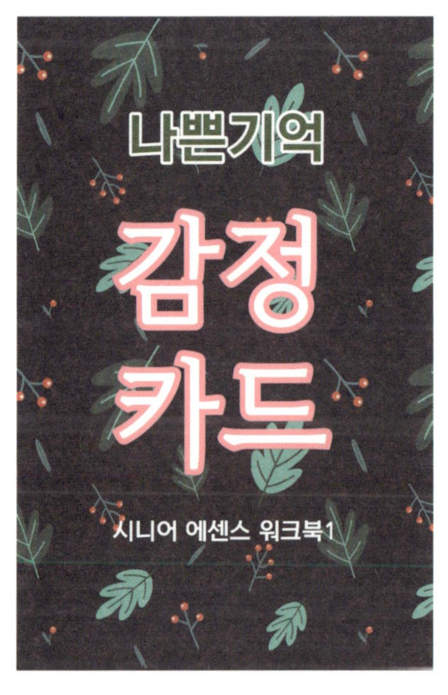
나쁜기억
감정 카드
시니어 에센스 워크북1

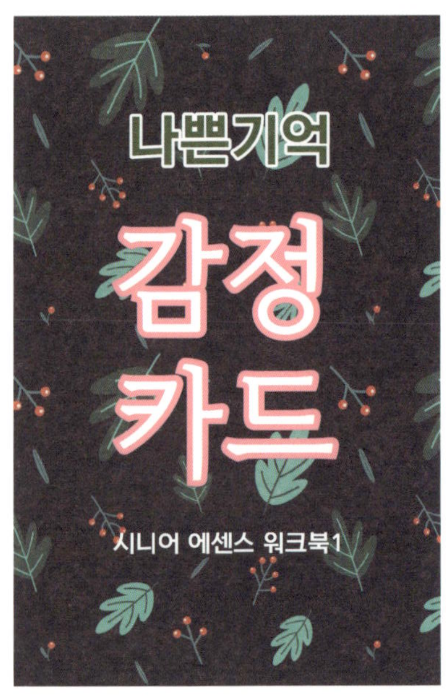
나쁜기억
감정 카드
시니어 에센스 워크북1

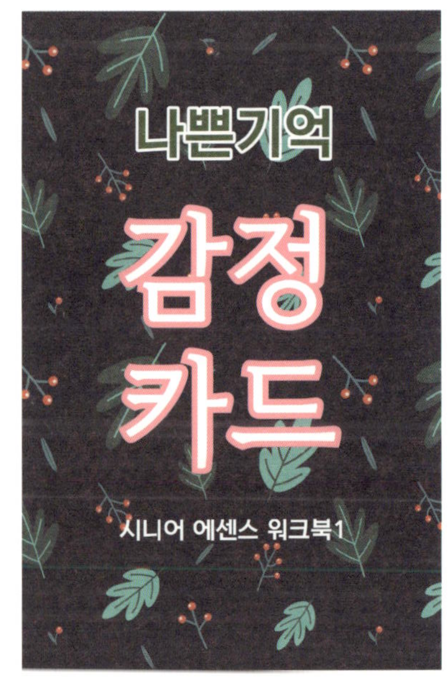
나쁜기억
감정 카드
시니어 에센스 워크북1

나쁜기억
감정 카드
시니어 에센스 워크북1

나쁜기억
감정 카드
시니어 에센스 워크북1

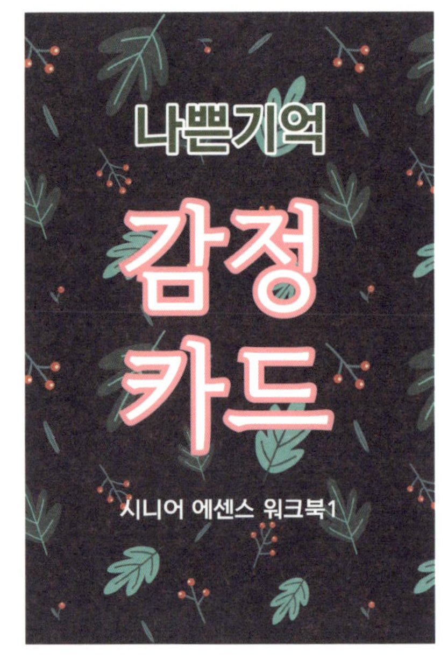
나쁜기억
감정 카드
시니어 에센스 워크북1

나쁜기억
감정 카드
시니어 에센스 워크북1

무서워요
부끄러워요
미워요
불안해요
슬퍼요
답답해요
섭섭해요
원망스러워요

나쁜기억
감정 카드
시니어 에센스 워크북1

나쁜기억
감정 카드
시니어 에센스 워크북1

나쁜기억
감정 카드
시니어 에센스 워크북1

나쁜기억
감정 카드
시니어 에센스 워크북1

나쁜기억
감정 카드
시니어 에센스 워크북1

나쁜기억
감정 카드
시니어 에센스 워크북1

나쁜기억
감정 카드
시니어 에센스 워크북1

나쁜기억
감정 카드
시니어 에센스 워크북1

괴로워요
고민이에요
화나요
기타
외로워요
후회해요
보고싶어요
미안해요